Le Mouvement Constitutionnel
Persan

CONFÉRENCE FAITE A LA BRITISH ACADEMY

le 6 Février 1918

PAR

Edward G. BROWNE
Membre de la British Academy

PARIS
IMPRIMERIE Georges CADET
7, Rue Cadet, 7

—

1919

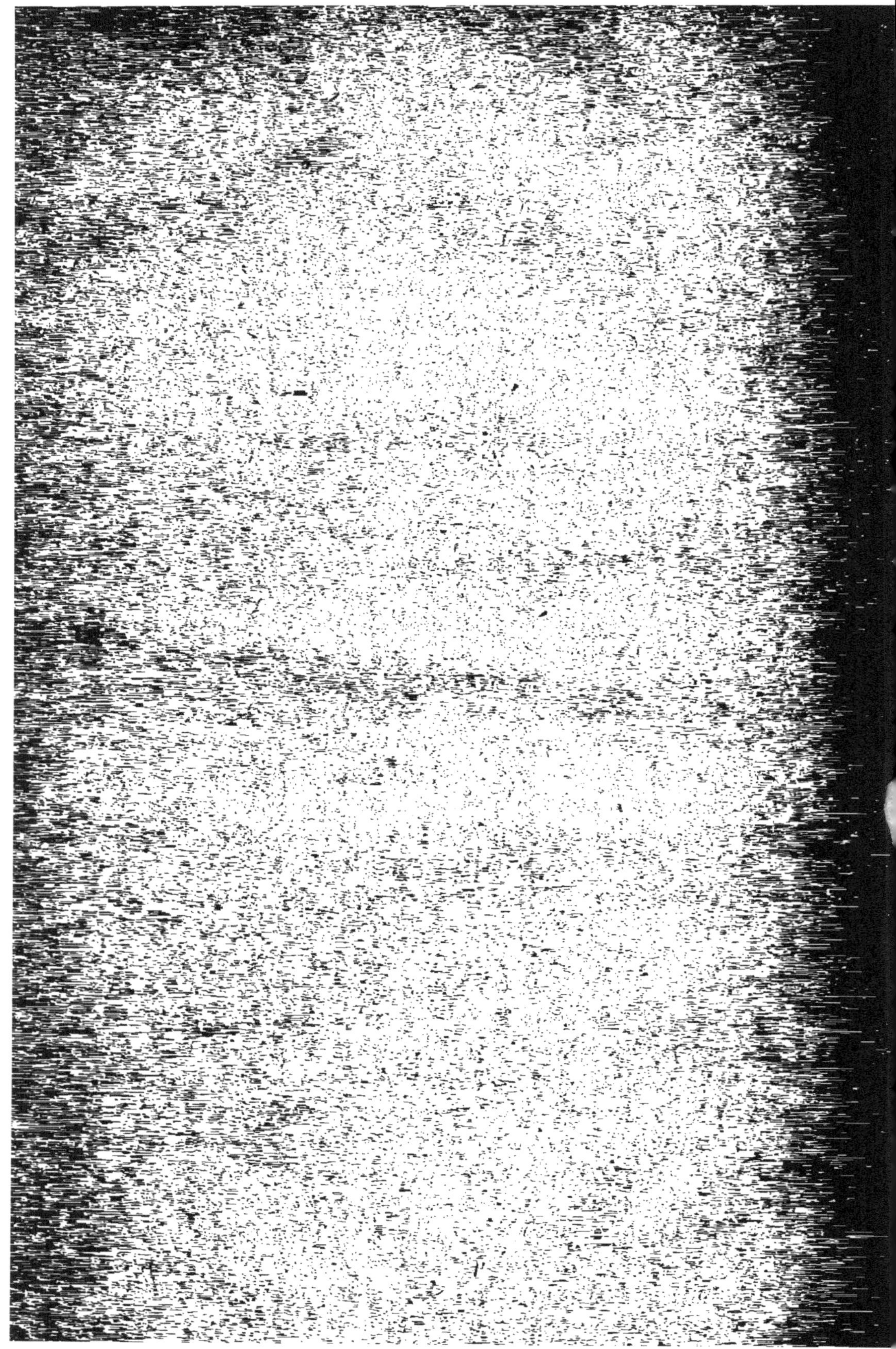

Le Mouvement Constitutionnel Persan

Le Mouvement Constitutionnel Persan

Le sujet dont je vais vous entretenir aujourd'hui n'est pas de mon choix et j'en aurais préféré un autre qui, à la fois, prêtât moins à la controverse et fût plus académique. La politique n'est pas à sa place ici ; cependant, mon sujet est de ceux qu'on ne peut guère traiter, même dans ses grandes lignes, sans y mêler, au moins jusqu'à un certain point, des considérations politiques touchant à la controverse; mais, je ferai de mon mieux pour les éviter ou les réduire à leur minimum. Du reste, on m'a demandé d'aborder ce sujet et, bien que de moi-même je n'eusse pas osé le choisir, je ne me suis pas cru en droit de l'éviter sous prétexte qu'il était difficile à traiter. Mais, ceci dit, je me permets de réclamer toute votre indulgence pour tout ce qu'il pourra y avoir d'incomplet dans mon exposé.

Ce que j'ai à vous dire portera sur trois points principaux. Tout d'abord, je désire vous rappeler, (car ces faits vous sont sans doute, à tous, plus ou moins familiers), certaines considérations relatives à l'histoire de la Perse, au caractère de son peuple et au rôle qu'il a joué dans la vie politique, intellectuelle et artistique de l'humanité. Le but que je me propose, dans cette partie préliminaire de ma causerie, est de montrer combien considérable est la dette du monde envers la Perse et combien il est nécessaire d'avoir cette dette présente à l'esprit, quand on songe au présent et à l'avenir de ce pays.

En deuxième lieu, je m'efforcerai de vous expliquer la genèse et de vous retracer brièvement l'histoire du mouvement constitutionnel ou nationaliste persan dont les origines remontent à un quart de siècle, au moins, bien qu'il n'ait commencé qu'en 1906 à attirer l'attention générale.

En troisième lieu, je me risquerai à vous exposer brièvement mon opinion personnelle sur l'attitude que ce pays-ci (l'Angleterre) devrait adopter envers la Perse, attitude que les récents événements de Russie ont rendue possible et même nécessaire. Nous assistons, en ces jours mémorables, à une rupture avec le passé, à l'abandon de nombre d'antiques institutions et méthodes, et nous en voyons se créer de nouvelles dont nous ne discernons encore qu'une ébauche confuse. La plupart d'entre nous, j'imagine, se fient beaucoup moins aujourd'hui, à leur prescience qu'ils ne le faisaient il y a quatre ans, et sont disposés à parler avec plus d'humilité et moins d'assurance des changements que l'avenir nous réserve ; cependant, chacun de nous a le devoir de contribuer autant qu'il le peut, dans le domaine de ses connaissances spéciales, à la solution de quelques-uns des nombreux problèmes en présence desquels l'humanité se trouve maintenant. Ces réflexions faites, je passe à la première division de ma causerie.

Quelques Considérations sur le Caractère et l'Histoire des Persans

Si l'on me demandait de dire en deux mots quels furent les traits caractéristiques des Persans au cours de leur longue histoire, je répondrais : la stabilité de leur type national et leur aptitude à la reconstitution nationale. En ce qui concerne le premier de ces traits caractéristiques, je ne puis omettre de citer le témoignage remarquable rendu par Sir Henry Rawlinson, ce grand pionnier des recherches dans le domaine de l'archéologie persane, et par son frère le professeur George Rawlinson, dans leur préface de l'Histoire d'Hérodote (1). Vol. I, pages 103-104.

« La description qu'il donne des principaux peuples dont il s'occupe, les Persans, les Athéniens et les Spartiates, est des plus frappantes et des mieux faites. Braves, vifs, fougueux, capables de réflexions et de réparties mordantes, mais vains, impulsifs, désespérément serviles envers leurs maîtres, les anciens Persans apparaissent dans ces pages aussi complètement dépeints en quelques traits puissants que leurs descendants modernes l'ont été par les nombreux coups de pinceau d'un Chardin ou d'un Morier. Ils possèdent dans les pages d'Hérodote une individualité qui est une garantie de la véracité et qui les relie d'une manière digne de remarque à ce singulier peuple oriental qu'on a appelé « les Français de l'Orient » et qui habite aujourd'hui leur pays. Cette curieuse continuité de caractère confirme très fortement la véracité de notre auteur et nous le montre, même dans la partie de son œuvre qui pourrait sembler purement ornementale, peintre fidèle d'exactes réalités. »

Ce qui est vrai du caractère national l'est aussi,

---

(1) *History of Herodotus*, by Professor George Rawlinson, M. A., assisted by Colonel Sir Henry Rawlinson K. C. B., and Sir J. G. Wilkinson F. R. S. (new edition 1862 in 4 vols.)

quoique dans une moins large mesure, de la langue. Le persan est une langue qui n'a pas changé davantage en mille ans que l'anglais en trois siècles, et Ferdaucy est aussi intelligible pour un Persan moderne que l'est Shakespeare pour un Anglais d'aujourd'hui. Il ne peut y avoir dans une nation quelconque que peu de poètes classiques restés aussi vivants dans le cœur de leurs compatriotes et cités aussi couramment par eux que Saadi et Hafiz qui florissaient l'un au XIIIe et l'autre au XIVe siècles de notre ère. Si nous sommes parfois tentés de nous révolter contre le flux de bon sens et d'une sorte de sagesse mondaine qui découle du premier, nous n'avons qu'à nous rappeler d'autres passages familiers dans lesquels il met en lumière la solidarité humaine, les devoirs des gouvernants envers leurs sujets, la compassion due par tous aux pauvres et aux orphelins et l'obligation de tolérance religieuse, pour comprendre combien larges et humanitaires étaient ses vues en comparaison de celles de ses contemporains, non seulement d'Orient, mais aussi d'Occident. Quant à Hafiz, ce poète d'une incomparable douceur, sa très habile et très sympathique traductrice, Miss Gertrude Bell (1), termine ainsi sa comparaison entre lui et Dante son contemporain :

« Le tableau dessiné par Hafiz embrasse une plus vaste étendue, quoique le premier plan n'en soit peut-être pas aussi net. C'est comme si, possédant un don extraordinaire de pénétration mentale, il avait exploré ces domaines de la pensée moderne que nous dans les âges plus récents étions destinés à peupler. »

Le fait que l'ignorant muletier persan trompe souvent la longueur de sa route monotone à l'aide des chants de cet incomparable poète est, à la fois, une preuve d'emprise de celui-ci sur le cœur de ses compatriotes et une explication de l'élégante tournure littéraire qui caractérise le langage de ses compatriotes modernes, même les plus illettrés et qui prête tant de charme à la conversation du plus humble d'entre eux.

Passons maintenant à leur second trait caractéristique : leur aptitude à la reconstitution nationale. Parmi les

---

(1) *Poems from the Divan of Hafiz* (London, Heinemamm, 1897.)

peuples dont l'histoire peut êre nettement retracée jusqu'à plus de 2.400 ans en arrière, et qui possèdent encore, dans leurs archives, la relation contemporaine de certains des plus lointains événements de cette longue période, il en est peu qui aient traversé et surmonté autant de vicissitudes que les Persans. L'immense et glorieux empire héritier de l'Assyrie, de Babylone, de la Chaldée, de la Médie, et sur lequel régnèrent Cyrus et Darius, succomba sous la poussée victorieuse des armées d'Alexandre de Macédoine, et cinq siècles et demi s'écoulèrent avant qu'il eût retrouvé, grâce aux Sassanides, son ancienne étendue et presque son ancienne splendeur. Quatre siècles et demi plus tard, au milieu du VIIe siècle après Jésus-Christ, il tomba de nouveau sous une domination étrangère, celle des Arabes, qui, pour la première et probablement la dernière fois de leur histoire, grâce à la force unifiante d'un grand fondateur de religion, le prophète Mahomet, s'étaient groupés en un seul peuple, animé par une grande idée. Pendant un siècle, les Persans furent une race soumise et leur pays une province des Califes ; mais, avec l'avènement au Califat des Abbasides, au milieu du VIIIe siècle après Jésus-Christ, de nouveau leur influence commença à se faire sentir dans le domaine politique et le domaine religieux ; puis, vers le milieu du IXe siècle, sous différentes dynasties dont certaines étaient d'origine persane ou arabe, mais pour la plupart d'origine turque, ils recommencèrent à recouvrer une existence politique indépendante. 'Au milieu du XIIIe siècle survint l'invasion mongole, terrible calamité qui causa un mal si irréparable à l'Asie Centrale, à l'Asie Occidentale et à l'Europe du sud-est ; elle fut suivie, un peu plus d'un siècle plus tard, par les dévastations de Tamerlan, dont l'avance triomphale était marquée par des pyramides de crânes humains. A un siècle de là, nous retrouvons la Perse de nouveau unie et forte sous une dynastie vraiment nationale, celle des Safawis, qui arriva au comble de sa puissance avec le Schah Abbas le Grand, contemporain de la reine Elisabeth, de l'empereur Akbar et du sultan ottoman Soliman le Magnifique, et qui présenta à l'ambition turque un si fatal obstacle que Busbecq, l'ambassadeur de Ferdinand à la cour de Soliman, se vit contraint d'écrire :

« Entre nous et la ruine, il n'y a que les Persans. Les Turcs nous attaqueraient volontiers, mais les Persans les retiennent. Cette guerre entre eux ne nous offre qu'un répit, ce n'est pas la délivrance ». A cette époque, l'alliance de la Perse et son amitié étaient recherchées, même par les grandes puissances européennes : l'Angleterre, l'Espagne, la France, la Hollande. Beaucoup d'Européens notables, qui visitèrent la cour magnifique de Schah Abbas, à Ispahan (à cette époque, au dire des Persans, « la moitié du monde »), ont laissé des relations de leurs voyages et de leurs aventures. Parmi nos compatriotes, les plus intéressants sont peut-être les frères Sir Anthony et Sir Robert Shirley, qui servirent le roi persan longtemps et fidèlement, l'aidèrent à réorganiser son armée et, en particulier, son artillerie (arme dans laquelle les Turcs ottomans avaient jusque-là de beaucoup surpassé les Persans), et furent ses ambassadeurs auprès de Jacques Ier d'Angleterre et Philippe III d'Espagne. En 1622, les Anglais aidèrent les Persans à chasser les Portugais de l'île d'Ormuz, dans le golfe Persique et, six ans plus tard, Sir Dormer Cotton, ambassadeur de Charles Ier à la cour de Perse, débarqua en face de cette île, dans l'ancien port de Goumroun, maintenant appelé Bender Abbas.

La glorieuse époque Safawi se termine en 1722 par l'invasion et le sac d'Ispahan, dont les horreurs ont été décrites d'une façon si vivante par le père Krusinski et d'autres Européens qui en furent témoins. Quelques années plus tard (1736-1747), Nadir Schah fit revivre pour une courte période les gloires militaires de la Perse, battit et chassa les Turcs qui avaient envahi les provinces de l'ouest et porta les armes persanes au-delà de l'Indus, jusqu'à Lahore et Delhi. Cinquante ans plus tard, vers la fin du XVIIIe siècle, eut lieu l'avènement des Kadjars. Le septième monarque de cette dynastie, sultan Ahmed Schach, occupe aujourd'hui le trône de Perse. Il faut nous reporter aux derniers jours du long règne de son arrière grand-père, Nasser-ed-Din Schah (1848-1896), que ses trois voyages en Europe ont rendu si populaire en Occident, pour rechercher les origines du mouvement constitutionnel persan. Mais, auparavant, nous devons jeter un bref coup d'œil sur ce que la

Perse a accompli dans le domaine de la pensée et de l'art et qui, bien plus que les plus éclatants des triomphes militaires dont sa longue histoire est jalonnée, lui donne des titres à la considération et même à l'admiration de tous les peuples civilisés. Je vais en faire un rapide examen, dans l'ordre suivant : Religion, Philosophie, Science, Littérature et Art.

I. — RELIGION

Les Persans qui ont eu raison de n'espérer que peu de bien de ce monde, ont toujours montré une prédilection marquée pour les méditations religieuses et philosophiques, et c'est un fait caractéristique, à mon avis, que les trois principaux essais d'explication du problème du Mal, deux dualistes et un panthéiste , émanent de la Perse, savoir : la théorie de Zoroastre, la théorie manichéenne et la théorie des Soufis, sur le mal, sa genèse et sa nature. Il faut également remarquer que la Perse a donné naissance à l'une des religions les plus anciennes, celle de Zoroastre, et à l'une des plus modernes, le Babisme ou Bahaïsme. La première, en dehors de son intérêt et de son importance propres, a exercé une influence considérable sur le Judaïsme, et indirectement sur le Christianisme et l'Islamisme, surtout en ce qui concerne la Résurrection des morts et la nature ainsi que la fonction des anges. La dernière date de 1844. La persécution terrible dont ses disciples furent l'objet en 1852 attira beaucoup l'attention sur elle. Depuis, le Babisme s'est beaucoup répandu, non seulement en Asie, mais aussi en Amérique où, pendant ces dix-huit dernières annés surtout, il a obtenu un succès considérable, grâce à des missionnaires persans qui se sont activement occupés à le propager, en particulier en 1900-1902. Je connais personnellement quelques-uns de ces missionnaires qui, à en juger par leur aspect et leurs subtiles méthodes de persuasion, pourraient être des réincarnations de Nasser-Khosro et d'autres grands propagandistes Ismaïlis du XIe siècle. Vingt-cinq siècles au moins séparent le Bab de Zoroastre; pendant cette longue suite d'années, autant que nous en pouvons juger par les documents conservés, cet esprit actif, inquiet, spéculatif qu'est l'esprit persan, a été sans cesse occupé à déchiffrer la grande énigme de la vie et de la destinée de l'homme, que, selon Hafiz, nul n'a pu et ne pourra jamais résoudre. Quiconque a étudié la théologie musulmane sait ce qu'elle doit à la Perse depuis mille ans, et parmi les 72 sectes qui représentent les différentes phases de son développement, combien ont subi l'influence de l'esprit persan ou lui sont dues. C'est ce que Dozi fait ressortir quand il dit : (1) « Mais la conversion la plus importante de toutes fut celle des Perses ; ce sont eux, et non les Arabes, qui ont donné de la fermeté et de la force à l'Islamisme, et, en même temps, c'est de leur sein que sont sorties les sectes les plus remarquables. »

Les Arabes eux-mêmes, à l'époque où leur puissance atteignait son apogée étaient forcés de reconnaître qu'ils dépendaient des Persans pour tout ce qui touchait à l'organisation gouvernementale, et l'un de leurs gouverneurs demandait, non sans une certaine irritation, comment il se faisait que, tandis que les Persans avaient pu se passer des Arabes pendant des siècles, les Arabes, à l'époque de leur suprématie, ne pouvaient pas se priver de l'aide des Persans, fût-ce un seul jour ou dans un seul domaine.

Le temps me manque pour m'étendre davantage sur ce sujet attrayant, mais je prierai quiconque serait enclin de me taxer d'exagération en ce qui concerne la part de la Perse dans la pensée religieuse, d'ouvrir à la lettre M n'importe quelle bonne encyclopédie ou n'importe quel Dictionnaire des Religions et de consulter les articles : Manichéisme, Mazdéisme, Mithracisme, Sectes musulmanes et Mysticisme, où il trouvera, à moins que je ne me trompe fort, l'ample justification de mes assertions.

---

(1) Traduction française de Chauvin intitulée l'*Islamisme*, p. 156.

II. — PHILOSOPHIE et SCIENCE

Passant maintenant aux domaines connexes de la philosophie et de la Science, rappelons-nous, tout d'abord, dans quelles conditions singulièrement peu propices le grand néo-platonicien Plotin jugea utile de remonter à la source de la Philosophie persane, et que ce fut trois siècles plus tard le roi sassanide Khosro Anoushiravan, aujourd'hui encore appelé « le juste » par ses compatriotes, qui donna asile aux sept philosophes néo-platoniciens chassés d'Athènes par l'édit de Justinien, pourvut à leurs besoins et introduisit dans le traité qu'il conclut ensuite avec les Romains une clause qui devait leur permettre de retourner là-bas et d'y demeurer sans être inquiétés (1). Qu'ils n'aient pas trouvé, à la cour du roi sassanide l'Utopie qu'ils avaient rêvée, nous le croirons sans peine ; mais, parmi les rois de tous les pays et de tous les temps, combien en est-il qui, au moment de conclure un traité, après une guerre heureuse contre un ennemi puissant, se seraient préoccupés du sort de sept pauvres savants exilés, de nationalité non seulement étrangère, mais encore ennemie ?

Passant maintenant à l'époque musulmane, il nous faudra nous souvenir toujours, si nous voulons rendre justice au grand rôle joué par la **Perse dans l'évolution** de ce qu'on appelle la civilisation arabe du califat abbaside, en particulier au cours du IXe siècle de notre ère et de ceux qui l'ont suivi immédiatement, que jusqu'à la chute du califat (XIIIe siècle) l'arabe était la langue savante et élégante du monde musulman, plus encore que le latin n'était celle de la chrétienté au Moyen Age et que, maintenant encore, les ouvrages de théologie et de philosophie sérieux écrits en Perse le sont en langue arabe, de sorte que l'étudiant qui ne lit que le persan se forme une idée très inexacte de ce que l'intelligence persane a contribué au fonds commun.

---

(1) Voir *Decline and fall of the Roman Empire*, de Gibbon, édité par J.-B. Bury, Londres, 1898, vol. IV, pp. 266-7.

Avicenne (Ibn Sina) qui fut, pendant des siècles, le principal canal par lequel les idées philosophiques d'Aristote et la science médicale d'Hippocrate et de Galien gagnaient l'Europe du Moyen Age était persan, quoique tous ses ouvrages importants et, en somme, tout ce qu'il a écrit, à part quelques quatrains, soient en arabe. Il en est de même du grand docteur qui, parce qu'il naquit dans l'antique cité de Ray, voisine de l'endroit où s'élève Téhéran, la capitale moderne de la Perse, est appelé « Ar-Razy », « l'homme de Ray », nom qui, par corruption, devint, dans l'Europe médiévale, Rhazez. Il a laissé de nombreux ouvrages, dont Brockelmann cite une cinquantaine, tous écrits en arabe, bien qu'il ait passé en Perse une grande partie de sa vie, et la plus intéressante dans le Khorassan et la Transoxyane, à la cour des princes Samanides qui se disaient descendants de Bahram Tchoubine et qui furent les principaux promoteurs de la renaisance et de la littérature persane après la conquête arabe. Il en est encore de même du grand archéologue et astronome Al-Birouni que son ouvrage sur les antiquités de l'Inde et sa chronologie des nations antiques, écrits tous deux en arabe, ont rendu célèbre, et de qui le petit manuel persan d'astronomie n'a jamais été publié et n'est représenté, autant que je le sache, que par un beau et ancien manuscrit conservé au British Museum. Nous voyons que, dans toutes les branches de la littérature arabe, les Persans se sont distingués, ainsi que dans le domaine de la philosophie, de l'histoire, de la science, de la géographie, de l'exégèse, de la théologie et des mathématiques et même dans celui de la grammaire, de la lexicologie et de la poésie arabes.

III. — LITTÉRATURE PERSANE

Si nous limitons notre examen de la littérature persane aux ouvrages écrits en persan, notre champ d'études sera indubitablement moins riche et moins varié que si nous y comprenons la littérature arabe due aux Persans. Mais, même ainsi réduite, c'est une littérature dont n'importe quel pays pourrait être fier, en particulier en ce qui concerne la poésie et plus spécialement la poésie mystique. Il est presque impossible de comparer les différentes littératures entre elles, au point de vue de leur valeur respective ; car, sans parler des préférences personnelles il y a peu de gens à qui plus de deux ou trois littératures soient familières, mais peu de critiques se refuseront d'admettre que, dans une liste équitablement dressée des véritables grands poètes du monde, de tous les temps, la Perse devrait être représentée par deux ou trois noms, au moins. Il s'agit, en réalité, d'un « embarras de richesses » ; si les poètes avaient été beaucoup moins nombreux et si chacun d'eux avait moins écrit, on aurait mis plus de diligence à les lire et on les aurait mieux appréciés. Ainsi, le Masnavi Mystique, de Djelal-ed-Dine Roumi, compte 20.000 vers ; le Schmahnamé (Livre des Rois), de Ferdaucy, 60.000 et les œuvres poétiques d'Attar au moins 70.000. Naturellement, le niveau de ces ouvrages ne se maintient pas toujours au même degré d'excellence, et il est impossible, même au lecteur le plus diligent, de se croire en droit de dire qu'il a découvert les plus beaux passages de ces écrivains prolifiques, sans parler de l'interminable série de ceux qui ont surgi depuis mille ans. Car c'est une erreur de s'imaginer que la Perse, ainsi que certains le prétendent, n'a produit aucune œuvre poétique de premier ordre depuis l'époque de Djami, c'est-à-dire depuis l'an 1500 environ après Jésus-Christ. Quelques-uns au moins des poètes de notre temps appartiennent à une catégorie très distinguée, et la révolution politique de 1906 a fait éclore une nouvelle école de poètes et un nouveau genre de poésie possédant un mérite et une originalité réels.

Le temps manque pour parler des autres branches
de la littérature persane ; mais il faut reconnaître que,
pour la prose, l'arabe est, à la fois, plus concis, plus
clair et plus expressif. Une prose très fleurie et, à notre
sens de mauvais goût, prévalait sous Tamerlan et ses
successeurs avec lesquels elle gagna l'Inde où elle se
perpétua. Trop nombreux sont ceux parmi les Européens et, en particulier, parmi nos compatriotes qui,
ayant appris le persan aux Indes ont jugé la prose
persane d'après ce genre corrompu ; mais un style
beaucoup plus beau et plus simple prédominait en
Perse, du XIe au XIVe siècle, et y est à nouveau en hon-
neur depuis le XVIe siècle. Il existe, en particulier,
quelques excellents ouvrages d'histoire, de biographie
ou de morale, des livres de voyages et des traités de
politique ; de plus, des journalistes de talent se sont
révélés en ces dernières années.

IV. — ART

Quant à l'art persan, je n'ai qu'à le mentionner, car il est bien plus connu que la littérature persane; sa beauté s'impose à tous et beaucoup parmi ceux qui ont le moins de sympathie pour le peuple de talent dont il est l'œuvre cherchent à l'imiter. Nulle personne instruite ne se refusera à reconnaître ce que les Persans ont fait en architecture, miniature, enluminure, calligraphie, et leur habileté dans l'art de tisser et de modeler ; il est inutile que je m'étende davantage ici sur ce sujet.

Toutefois, il me reste à faire une remarque avant de conclure cette partie préliminaire de ma causerie. Certains admettent que les Persans ont possédé autrefois de grandes qualités, mais soutiennent qu'ils les ont perdues depuis et qu'ils sont irrémédiatement dégénérés ; de plus, la fine satire qu'est le Hadji Baba de Morier était cause qu'on leur attribue couramment un caractère singulièrement faible et vil. Je ne partage aucunement cette opinion, et j'irai même plus loin, je soutiendrai qu'il est rare de rencontrer un Anglais ayant habité la Perse, sachant le persan et ayant fréquenté des Persans de toutes classes et de toutes conditions, qui n'ait pas conçu une très sincère affection et une très sincère admiration pour ce peuple. Beaucoup d'Européens qui habitent la Perse en connaissent mal la langue ou l'ignorent tout à fait, ou s'ils la savent bien, n'ont réellement de rapports qu'avec deux classes de la population : le monde officiel et les domestiques. Pour se faire une idée juste du peuple persan, il faut connaître les mollahs et les érudits, les marchands, les hommes de métiers et les artisans, les paysans, les muletiers et le reste. Bien peu qui ont cette connaissance restent indifférents au peuple persan. Je pourrais citer bien des exemples de l'esprit, de la gaîté, du courage, de la fidélité, du dévouement, ainsi que de la bonté et de l'humanité que l'on rencontre chez les Persans, à côté de défauts qui semblent avoir seuls été remarqués de

certains voyageurs et écrivains ; mais je me contenterai
de signaler à votre attention un livre récent, *Cinq ans
dans une ville de Perse* (Yezd) (1), du Révérend Napier
Malcolm. En sa qualité de missionnaire, l'auteur s'est
mêlé de près aux Persans de tous rangs et de toutes
conditions et, bien que leur religion lui déplaise, sa
sympathie pour eux est évidente. Il trouve, chez
eux, « beaucoup à regretter, mais quelque chose à ad-
mirer et beaucoup à aimer ». Il poursuit : « Un peuple généreux, bon affectueux, qui ne se montre pas
toujours vaniteux et qui est, par dessus tout, éminem-
ment humain, un peuple qu'on ne peut s'empêcher
d'aimer, si l'on vit quelque temps avec lui. » (2). Il
est évident que la fermeté et la constance déployées
par les Babis lors des persécutions dont il fut témoin,
ont profondément impressionné le missionnaire.

« Cela », dit-il, « est suffisant pour convaincre qui que
ce soit, qu'il y a une grande force de caractère chez ce
peuple, mais qui demande à être mis en évidence (3) »
et « qui a ouvert les yeux sur l'énorme tension de volonté
dont les Persans sont capables de faire preuve dans les
conditions morales partiellement favorables. » (4).

Je cite ce témoignage de préférence à beaucoup d'autres, parce que, comme dit le proverbe arabe : « La vertu
est celle qui est reconnue par l'ennemi » ; or, de son
propre aveu, cet écrivain a une grande antipathie pour
l'Islam et souhaiterait que la langue persane « fût au
fond de la mer » ; en outre, il semble envisager avec plai-
sir l'éventualité d'une occupation de la Perse méridio-
nale par une puissance européenne, de sorte qu'on ne
saurait l'accuser de partialité envers les Persans.

J'ai achevé maintenant ces réflexions préliminaires,
sur lesquelles on ne trouvera pas, j'espère, que je me
suis trop étendu, car elles rentrent dans le cadre de mon
sujet. On entend beaucoup parler aujourd'hui, même là
où l'on s'y attend le moins, du droit des petites nations

---

(1) *Five years in a Persian town* (édité par John Murray
en 1905).
(2) Opus. cité p. p. 185-186.
(3) *Idem* page 186.
(4) *Idem* page 176.

à disposer d'elles-mêmes et, en principe, il est à souhaiter qu'autant que cela est réalisable, chaque nationalité vraiment distincte soit autonome.

La réalisation de cet idéal est particulièrement désirable quand il s'agit de certaines nations exceptionnellement douées, et cela non seulement dans l'intérêt de ces nations, mais dans celui de toute la race humaine. Sans aucun doute, la Grèce et l'Italie ont beaucoup profité au point de vue politique de la sympathie bien méritée basée sur la reconnaissance du monde civilisé pour ce qu'elles ont contribué en art et en littérature à la civilisation humaine. Je placerai la Perse parmi ces nations et pense que sa disparition de la société comme puissance indépendante serait un malheur non seulement pour elle, mais encore pour toute la race humaine. Malheureusement, il y a cent savants pour soutenir les revendications de la Grèce et de l'Italie, pour un prêt à défendre la cause non moins juste de la Perse.

Origine et Développement du Mouvement Constitutionnel ou Nationaliste Persan

Quand j'étais en Perse, il y a trente ans, l'ancien régime y régnait sans conteste et, à part l'existence du télégraphe européen, les conditions de vie y étaient celles du moyen âge. Il n'y avait ni chemins de fer, ni banques, ni papier-monnaie, ni voitures de louage, ni hôtels sauf dans la capitale et, naturellement, pas de téléphone. Les rares journaux, qui d'ailleurs paraissaient à intervalles irréguliers étaient lithographiés et, comme ils étaient rédigés par des courtisans et des fonctionnaires, ils ne contenaient guère de nouvelles et aucune critique ; leur tirage était très limité et leur vente ne consistait que dans les abonnements servis aux employés du gouvernement dont on prélevait le montant sur leurs appointements. La lithographie avait entièrement supplanté l'imprimerie qui avait été assez florissante dans la première partie du XIXe siècle. Les voyages ne se faisaient qu'à pied ou à cheval et, si l'on voulait se transporter d'une façon tant soit peu rapide, il fallait se servir des chevaux de poste du gouvernement. Il suffisait pour cela, de se munir de permis aisément obtenus et de payer une redevance d'un kran (à l'époque environ o fr. 80) par cheval et par parasange (environ 7 kilomètres), ce qui mettait le voyage au prix modeste de o fr. 20 environ les 1.500 mètres par cheval, pourboires non compris. Un service de poste, reliant la capitale aux villes importantes de province, fonctionnait assez régulièrement une ou deux fois par semaine et permèttait d'aller en cinq jours environ de Téhéran à Shiraz, villes distantes entre elles d'un millier de kilomètres. Les voyageurs trouvaient un gîte gratuit dans les caravansérails dont les plus beaux ou les mieux compris dataient de Schah Abbas le Grand et l'on pouvait aussi, à chaque relai, descendre à la maison de poste moyennant une petite gratification, mais les voyageurs devaient généralement emporter avec eux leur nourriture. Les grandes routes étaient extrêmement sûres à l'époque dont je parle et les gens, à quelques rares exceptions près, se montraient tous polis, aimables et serviables, mais ils étaient souvent bien curieux. Le gouvernement était complètement autocrate, mais son despotisme était mitigé par le manque de centralisation et la quasi-indépendance des gouverneurs de provinces ; cela permettait d'échapper à l'oppression par le simple procédé consistant à se transporter dans une autre région, gouvernée d'une façon plus clémente. Le Schariat ou loi religieuse appliquée par les Mollahs et la Urf ou loi civile qui n'était guère que l'ensemble des méthodes qu'il plaisait à chaque gouverneur d'adopter pour soutenir son autorité, existaient côte à côte sans qu'il fût tenté grand'chose pour établir une corrélation entre elles. Les châtiments cruels, inspirés par la vengeance et consistant à faire couper les mains, les oreilles, le nez, la gorge, le jarret, à emmurer, etc., usuels au début du règne de Nasser-ed-Dine Schah, avaient presque disparu à l'époque dont je parle et je n'en ai personnellement jamais vu d'exemple. Leur disparition doit être comptée parmi les conséquences heureuses des voyages du Schah en Europe (1) qui lui donnèrent le désir de passer pour un souverain éclairé et le rendirent très sensible à l'opinion européenne. Il était abonné à des coupures de journaux et se faisait traduire en persan tout ce qui paraissait sur lui dans la presse européenne par deux traducteurs différents, afin d'être sûr qu'au cas où la lecture de ces extraits ne devait pas être agréable à ses royales oreilles, le contenu n'en serait pas trop altéré.

Toutefois, ces voyages en Europe eurent aussi des conséquences moins heureuses. Ils créèrent le besoin de sommes d'argent considérables, et y faire face devint, de plus en plus, la préoccupation principale des ministres du schah. Divers syndicats, à l'affût des concessions,

---

(1) Son premier voyage date de 1873, son second de 1878, et son troisième de 1889.

leur en offrirent un moyen facile mais funeste, et le schah se mit, vers 1880, à hypothéquer inconsidérément, à des étrangers et à des conditions désastreuses, les ressources naturelles et les richesses inexploitées de son pays. Je n'ai pas besoin de parler ici de la concession Reuter, de la concession de chemins de fer accordée à la Russie, de celle de la Loterie persane, ni d'autres encore ; le Dr Feuvrier, médecin français du schah, en a bien résumé les conséquences quand il a écrit dans son journal, le 14 avril 1890 : « De concession en concession, la Perse sera bientôt tout entière entre les mains des étrangers. »

Toutefois, l'une de ces concessions, celle des tabacs, accordée en mars 1890 à une compagnie anglaise, demande une mention moins succincte, parce qu'elle fut l'une des causes directes, bien que lointaines, du mouvement constitutionnel, et aussi parce que les Persans opposèrent alors, pour la première fois, leur volonté collective à la volonté du schah et de sa cour et en eurent raison grâce, en grande partie, à l'appui donné à la cause populaire par les mollahs et les ulemas ou docteurs en théologie, souvent improprement appelés prêtres. Je n'ai pas l'intention d'entrer ici dans les détails de cet épisode (dont, à l'époque, on ne mesura pas toute la portée), on les trouvera, tout au long, dans l'intéressant ouvrage du Dr Feuvrier (1) et ailleurs. Il me suffira de dire que, dès que la foule hétérogène des fonctionnaires « venus d'un peu partout », a dit le Dr Feuvrier, que la régie des Tabacs se proposait d'employer, eut commencé à arriver, au printemps de 1891, et que le peuple persan eut compris quelle entreprise se préparait contre l'un de ses rares luxes et l'une de ses principales industries, il se montra très rétif. Des députations de marchands présentèrent des pétitions au schah pour le retrait de la concession et d'inquiétantes manifestations populaires se produisirent ; puis enfin les autorités religieuses « à qui il n'avait pas souvent été donné de se faire les champions d'une cause aussi populaire », a dit le Dr Feuvrier, publièrent un « fatwa » ou édit déclarant l'usage du tabac illégal, tant que la

---

(1) *Trois ans à la Cour de Perse.*

concession ne serait pas abrogée. Le peuple se soumit
à l'édit avec une remarquable unanimité ; c'est à peine si
l'on voyait fumer en public une pipe ou une cigarette,
les femmes dénonçaient ceux de leurs parents qui se
laissaient aller à fumer dans l'intimité de leur intérieur
et le schah, lui-même, se vit soudain privé de son tabac.
Dans ces conditions, la concession perdait toute valeur
et, après une lutte prolongée, elle fut finalement abrogée,
le 26 janvier 1892, moyennant une indemnité de
500.000 livres sterling accordée aux concessionnaires et
dont le gouvernement dut emprunter le montant, à 6 o/o,
à la Banque Impériale de Perse qui est anglaise.

Cette malheureuse transaction eut plusieurs conséquences importantes :

1° Elle donna naissance à la dette nationale persane
qui devait, plus tard, constituer un si formidable
obstacle dans la voie des réformes ;

2° Elle apprit au peuple persan qu'en agissant de
concert avec ses chefs spirituels il était capable de tenir
tête au schah et à ses courtisans et ses ministres ; de plus,
elle fit comprendre aux plus réfléchis l'étendue du péril
auquel le schah, en hypothéquant inconsidérément les
richesses du pays, exposait la Perse ;

3° Elle fut une cause indirecte de l'assassinat de
Nasser-ed-Dine shah, qui eut lieu quatre ans plus tard
(1er mai 1896), à la veille de son jubilé, car l'homme qui
tira sur lui avait encouru un châtiment sévère à la suite
des désordres que l'affaire des tabacs avait occasionnés
et, de plus, était un disciple du séide Djemal-ed-Dine
qui avait si activement contribué à exciter et à entretenir
l'opposition populaire contre le shah.

J'espère que vous ne trouverez pas que j'ai consacré
trop de temps à un événement avant-coureur de la révolution ; mais il importe davantage au but que je me
propose de vous démontrer quelles furent la nature et
les causes de la révolution, plutôt que de vous la décrire
en détails, comme je l'ai fait ailleurs. Si nous ignorons
ses causes lointaines, nous ne pourrons pas comprendre
pourquoi un peuple comme les Persans qui, au cours de
son histoire, a toujours fait preuve d'une si remarquable
fidélité envers ses rois (shah-parasati) ait pu, tout à
coup, vouloir un gouvernement constitutionnel et un

Parlement ; pourquoi sa complète indifférence en ma-
tière politique s'est soudain changée en un si vif intérêt,
ni pourquoi le mouvement, d'essence plutôt nationaliste
que démocratique, a éveillé, en particulier chez les
hommes jeunes et chez les femmes, un enthousiasme
aussi intense. Ma conviction personnelle est qu'il n'eût
pas suffi de la tyrannie d'un autocrate pour amener à la
révolte le peuple patient et souple de la Perse, si, en
même temps que la tyrannie existait à l'intérieur, le pres-
tige du pays à l'étranger avait été maintenu dans une
mesure quelconque et si l'indépendance de la Perse avait
été sauvegardée, même d'une manière modérément effi-
cace. Ce fut la tyrannie jointe à l'incapacité, l'extrava-
gance et le manque de patriotisme que le peuple ne put
pas supporter ; et, s'il a voulu un gouvernement constitutionnel, ce n'est pas tant pour ce gouvernement lui-
même que parce qu'il voyait la nécessité urgente de
créer un gouvernement plus honnête, plus capable et plus
patriote que celui qu'il avait. En 1906, quand la révolution persane commença à attirer l'attention de l'Europe,
des observateurs superficiels ne virent dans un Parlement
persan qu'un caprice de Mozaffer-el-Dine shah, une
nouveauté importée d'Europe avec les automobiles, les
gramophones et autres innovations occidentales. Adopter
cette façon de voir, c'est méjuger l'importance et se
méprendre sur la nature d'un mouvement qui, soit qu'on
l'approuve ou le déplore, avait derrière lui l'appui sincère des meilleurs éléments de la nation persane,
y compris la classe si essentiellement conservatrice des
mollahs qu'on appelle aussi le clergé. Le puissant
appui donné au mouvement populaire par certains des
meilleurs et des plus distingués parmi les chefs religieux de la Perse est, peut-être, le phénomène le plus
frappant de la révolution.

Il peut être utile, avant d'aller plus loin, que j'essaye
de vous exposer clairement les phases de la révolution
comprises dans les six années qui s'écoulèrent de 1906
à 1911 et qui furent d'une importance si considérable
pour l'histoire de la Perse.

La première de ces phases est celle de la lutte engagée
pour obtenir du shah, de gré ou de force, une Constitution et un Parlement. Cette lutte commença, en réa-

lité, en décembre 1905 et aboutit à l'automne de 1906, en partie grâce à l'appui moral de la légation britannique, à la création du premier Parlement ou Madjless, dont l'ouverture eut lieu le 7 octobre de cette année.

La seconde phase est celle de la durée du premier Parlement ou Assemblée Nationale qui se réunit le 7 octobre 1906 et fut dissous par la force, avec effusion de sang, par le fameux colonel Liakhoff, commandant russe de la brigade de cosaques du Shah ; ce fut le coup d'Etat du 23 juin 1908.

La 3e phase est celle que les Persans appellent « la petite autocratie » (Istebdad-i-Saghir) qui commença par le coup d'Etat mentionné plus haut et finit par la « victoire nationale » (Fath-i-Milli) ou la prise de la capitale et la déposition de Mohamet-Ali Schah par les forces constitutionnelles, le 16 juillet 1909.

La 4e phase est celle du second Parlement, solennellement inauguré le 15 novembre 1909 par le Schah actuel, Sultan Ahmed Schah, alors âgé de douze ans seulement, et dissous par la force, en conséquence des ultimatums et invasions russes, le 26 décembre 1911.

De la période qui suivit 1911 et qui fut pour la Perse une période de souffrances amères et de noir désespoir comprenant les années qui ont précédé la déclaration de la guerre européenne et celles qui l'ont suivie, je compte dire très peu de chose, parce qu'elle ne renferme guère de faits sur lesquels on aime à s'arrêter et aussi parce qu'il devient de plus en plus difficile de se procurer des renseignements exacts sur la marche des événements. Il me sera plus agréable, en finissant ma causerie, de considérer l'avenir plus heureux qui a commencé à luire pour la Perse avec la chute de l'autocratie russe et la suspension de l'accord anglo-russe de 1907, annoncée par Lord Curzon dans le discours si encourageant et si bien accueilli qu'il a prononcé le 21 du mois dernier.

De cet accord qui a vraiment dominé toute la situation de la Perse pendant les dix dernières années je n'ai encore rien dit et, maintenant qu'il est suspendu (pour toujours, espérons-le) moins on en parlera, mieux, peut-être, cela vaudra. Son but primitif qui était de mettre un terme, dans la mesure du possible, à la rivalité qui existait de longue date, en Asie, entre l'Angleterre et la Russie, était admirable, sans doute, et tel qu'il fut exposé à une Perse inquiète par Sir Cecil Spring Rice dans son célèbre mémoire du 4 septembre 1907, quatre jours après la conclusion dudit accord, et de nouveau, il y a quelques jours, par Lord Curzon dans son discours à la Chambre des Lords, il paraissait comparativement innocent ; mais, en réalité, nulle collaboration n'était possible entre la Grande-Bretagne et l'autocratie russe dont les ambitions territoriales en Perse étaient ouvertement avouées dès l'époque de Pierre le Grand, à moins que, peu à peu, la Grande-Bretagne ne consentît à renoncer, en faveur de la Russie, à son interprétation première. Ainsi, la soi-disant « sphère d'influence », (comprenant tout le nord et la plus grande partie du centre de la Perse, avec la capitale, les villes principales moins Kirman et Chiraz, et la partie la plus riche et la plus prospère du pays), n'était définie, au début, que comme une sphère d'influence commerciale où l'Angleterre ne chercherait à obtenir aucune concession ; mais bientôt, et plus spécialement après l'entente qui se noua à Postdam entre l'ex-empereur de Russie et l'empereur d'Allemagne, le 5 novembre 1910, le gouvernement russe la considéra comme une sphère d'influence politique dont il souhaitait s'emparer effectivement le plus tôt possible et où, en attendant, il ne voulait tolérer aucune autorité persane ne se prêtant pas à ses desseins. Ceci amena un violent antagonisme entre le gouvernement russe et le nouveau parti national ou constitutionnel de Perse qui aspirait surtout, ainsi que nous l'avons dit plus haut, à assurer la complète indépendance financière et politique, ainsi que l'intégrité territoriale du pays. Pendant le règne de l'autocrate obstiné qu'était Mohamet-Ali (janvier 1907-août 1909), petit-fils de Nassered Dine et le père du Schah actuel, la politique russe consista à le soutenir, lui et ses créatures, contre le peuple et le Parlement, tandis qu'après qu'il eut été déposé, elle créa des embarras au gouvernement persan en prêtant plus ou moins ouvertement son appui à différents rebelles mécontents et réactionnaires, depuis l'ex-Schah, ses frères et ses favoris, jusqu'à des princes persans domiciliés en Russie, tels que Darab Mirza, de petits seigneurs turbulents et sanguinaires comme Rahine, Xhan, Rasnid-el-Molk et l'infâme Shodja-ed-Dovleh, et de simples brigands comme Naïb Hossein, ou des assassins comme Nauruzoff (1), Ivan le Géorgien (2), et Abbas d'Ispahan (3), qui furent tous soustraits à la justice persane après leur capture, sous prétexte qu'ils étaient sujets russes, et envoyés en Russie pour y subir leur peine dont, à supposer qu'elle leur ait été infligée, aucune nouvelle n'en parvint à la Perse.

Ainsi que je l'ai dit, je m'abstiens exprès d'entrer dans la masse de détails qu'il faudrait donner pour faire voir tout ce que la Perse eut à supporter de ses voisins et en particulier, de la Russie,et que tout le monde peut trouver imprimé. Les noms des Persans qui jouèrent un rôle prépondérant, bienfaisant ou néfaste, dans ces années importantes étant peu familiers aux Européens, cela constitue, pour la plupart d'entre eux, une difficulté de plus. Pour ceux d'entre vous qui n'ont pas étudié cette question j'essaierai de mettre de mon mieux en relief les points les plus saillants.

Examinons d'abord l'œuvre des deux assemblées nationales, le caractère de la nouvelle constitution, et les raisons pour lesquelles elle éveilla, en Perse, un enthousiasme si intense et si général. Nous sommes peut-être un peu blasés sur les parlements et disposés à douter qu'un gouvernement constitutionnel ou démocrate soit une panacée pour tous les maux. Mais nous devons nous rappeler que la civilisation musulmane qui donna sa forme à l'Etat persan et aux pays environnants est six cents ans plus jeune que la civilisation chrétienne, et il nous faut nous reporter par la pensée au temps du roi Jean et de la Magna Charta, si nous voulons comprendre les sentiments des Persans dans cette crise de leur histoire. Le Persan qui était un simple jouet entre les

---

(1) L'un des assassins de Ali-Mohamet Khan (2 août 1910).

(2) L'un des trois assassins de Sani ed Dovleh, ministre des Finances (6 février 1911).

(3) Il tenta d'assassiner Mutamad-i-Khaquan et tua son cousin, le 1er février 1911.

mains du Schah, exposé à la tyrannie arbitraire de chaque gouverneur local et de chaque percepteur d'impôts, et ne pouvait faire appel à aucune loi ni demander justice à aucun juge, se vit devenir un homme ayant des droits comme des devoirs et des espoirs comme des craintes. Il est à remarquer que le peuple ne demandait d'abord qu'une cour de justice pour le protéger contre un gouverneur plus particulièrement tyrannique et ce n'est que plus tard qu'il demanda un Parlement et une Constitution. De plus, bien que la Perse soit singulièrement homogène au point de vue de la religion et de la race, du caractère et de la langue, en comparaison de la Turquie ou de l'empire russe (son peuple étant encore comme Hérodote le trouva ὁμόγλωττοι παρὰ μικρόν,) il existe au milieu de la population musulmane qui prédomine, des communautés de chrétiens, de juifs et de parsis qui, bien que généralement bien traités, n'avaient jamais joui, jusque-là, de droits égaux à ceux de leurs compatriotes musulmans et qui se trouvaient maintenant admises à cette égalité et autorisées à élire des députés pour les représenter à l'Assemblée Nationale. Leur gratitude pour ces privilèges se manifesta par l'empressement que mirent certains parsis de l'Inde à prêter leur concours financier à la Perse aux jours critiques de 1910 et par l'aide loyale donnée à la constitution par nombre d'Arméniens. Ceux-ci fournirent le meilleur général des forces parlementaires en la personne de Yeprem Khan, et l'un des conseillers les plus écoutés, le pauvre Bedros Andreassian, un des patriotes que les Russes pendirent à Tauris en janvier 1912. Le fait qu'il était l'un des deux hommes connaissant la somme à laquelle les bijoux de la couronne de Perse avaient été évalués, en avril 1910, par un expert français, M. Falconberg, prouve l'étendue de la confiance que les Persans avaient en lui. L'autre dépositaire de ce secret est le plus ancien de mes amis persans dont j'ai fait la connaissance, il y a trente-cinq ans, alors qu'il était au collège en Angleterre ; celui-ci ayant occupé de nombreux postes diplomatiques et autres fut appelé à jouer un rôle prépondérant dans le mouvement constitutionnel et fut ministre des affaires étrangères au cours du second semestre de 1910. Il est,

j'imagine, le seul Persan qui connaisse la valeur de
ces bijoux célèbres sur lesquels le gouvernement persan, très gêné, voulait faire emprunt, ce que le gouvernement russe réussit à empêcher. Le droit de vote ne
fut pas étendu aux femmes persanes qui, cependant,
comme en a témoigné M. Morgan Shuster dans son
livre remarquable *The strangling of Persia* (1) (l'étran-
glement de la Perse) se montrèrent, en bien des occa-
sions, les plus fermes et les plus loyaux soutiens de
la Constitution et qui, aux jours sombres de décembre
1911, poussèrent les hommes à tenir ferme, en face de
tous les dangers, pour la défense de la cause nationale.

La première assemblée nationale fut surtout aux
prises, pendant les vingt mois de son existence, avec les
intrigues et la violence de Mohamet-Ali Schah auxquelles
elle finit par succomber, et ce fut seulement la seconde
Assemblée, élue après sa déposition, qui eut réellement
l'occasion de faire une politique de reconstitution. Elle
se proposait comme programme immédiat l'amélioration
de la situation financière du pays, le rachat des richesses si inconsidérement engagées par plusieurs Schahs et
la mise sur pied d'une force militaire nécessaire pour
maintenir l'ordre et prévenir les désordres. Les Persans
désiraient ardemment s'adjoindre, en qualité de conseillers, pour les aider dans l'accomplissement de cette
tâche, des étrangers dignes de leur confiance ; mais ils
avaient déjà fait l'expérience de certains conseillers qui
plaçaient l'intérêt de leur propre pays avant celui de la
Perse. Finalement, ils s'adressèrent au Président des
Etats-Unis pour qu'il leur donnât un conseiller financier
de premier ordre, assisté du personnel nécessaire, et
M. Morgan Shuster leur fut envoyé. Il arriva le 11 mai
1911 et sut gagner l'affection et la confiance des Persans à un degré extraordinaire ; l'Assemblée nationale
s'empressa de l'investir des pouvoirs les plus étendus.
Sur son conseil, le commandement de la gendarmerie
du Trésor, nouvellement créée, fut offert à un officier
britannique très distingué, qui avait, lui aussi, su gagner
l'affection et la confiance des Persans et dont le man-
dat d'attaché militaire à la Légation britannique était

______

(1) Londres, Unwin 1912, p. 183-9.

sur le point d'expirer. La Russie se montra hostile à ces deux choix et réussit d'abord à amener le gouvernement britannique à empêcher l'officier en question d'accepter ce poste, quoique le *Times* (1) lui-même eût déclaré, quelques jours plus tôt que ni le gouvernement britannique ni celui des Indes n'en avaient le droit. Dans la suite le gouvernement britannique a usé de toute son énergie pour contraindre le gouvernement persan à accepter les officiers britanniques pour le régiment des fusiliers persans du sud ; mais à cette époque, les Persans employaient des officiers suédois, à défaut de l'officier britannique de leur choix que l'Angleterre leur avait refusé, et chacun sait où allèrent les sympathies de ces officiers suédois après que la guerre eût éclaté et combien d'ennuis eussent été épargnés, si les Persans avaient pu donner suite à leur premier projet. Mais l'autocratie russe les en empêcha et réussit bientôt, à l'aide de mesures violentes dont beaucoup d'entre vous, sans doute, ont gardé le souvenir, et d'actes sanguinaires qui ne se peuvent aisément oublier, à chasser M. Morgan Shuster ; elle détruisit son œuvre si pleine de promesses, anéantit les espérances des Persans, et détermina le chaos et la misère qui, depuis, ont régné en Perse. Le *Times* a prétendu que « l'indépendance de la Perse ne valait pas les os d'un grenadier britannique et qu'en tout cas l'amitié, non pas du peuple russe mais du csarisme aujourd'hui aboli, devait être conservée.

> Bitcharéï ké del be to dade ezzatache bédar
> Ba khod khial kone ké bé tchandache khari dei
> (Honore le malheureux qui t'a donné son cœur
> Considère en toi-même à quel prix tu l'as acheté.)

Mais à quoi bon revenir sur un passé dont le souvenir n'a rien de plaisant. Il est à la fois plus agréable et plus utile d'étudier dans ses grandes lignes le moyen de mettre en pratique la politique meilleure et plus généreuse esquissée par lord Curzon dans son discours du 21 janvier dernier. Je terminerai donc ma causerie par l'énumération de cinq points qui me paraissent avoir une

---

(1) 4 août 1911.

importance capitale si nous voulons assurer l'existence d'une Perse solide, digne, indépendante et amie.

1° L'abolition complète de ce qu'on appelle les zones d'influence créées par l'accord anglo-russe de 1907 auquel de pénibles souvenirs, sinon de véritables dangers, restent attachés.

2° Aide financière généreuse, consentie à des conditions raisonnables n'ayant aucun caractère humiliant ou menaçant au point de vue politique ou économique. La Perse a des richesses naturelles considérables, notamment en pétroles, et différents minéraux, métaux et pierres précieuses. Une grande partie de cette richesse a été inconsidérément hypothéquée, à l'époque qui précéda la Constitution, par des gouvernements irresponsables et à courtes vues, pour se procurer l'argent nécessaire à leurs extravagances ; et depuis que la seconde Assemblée Nationale a été dissoute par la force et que les conseillers financiers américains ont été vers la fin de 1911 expulsés, je crois que des concessions d'un caractère très étendu ont été arrachées au Gouvernement persan, à des conditions qui, je le crains, ne méritent pas toujours d'être qualifiées de généreuses, ni même seulement de justes. Tous ces arrangements devraient être revisés dans la mesure du possible, et la Perse devrait avoir toute possibilité de contracter librement des emprunts aux conditions les meilleures, auxquelles les garanties qu'elle peut fournir lui permettent de prétendre ; de sorte que, par l'établissement d'un fonds d'amortissement, une grande économie dans les dépenses et aussi à mesure que s'écouleront les périodes pour la durée desquelles des concessions ont été accordées, elle puisse venir à se libérer des entraves financières qui ont tant paralysé sa marche depuis trente ans. N'est-il pas navrant de penser que la somme que la Perse avait un si urgent besoin d'emprunter en 1910 et qui lui fut marchandée pendant plusieurs mois équivalait, à peu près, à celle que la guerre actuelle coûte à la Grande-Bretagne en une heure et demie.

3° Ainsi qu'il a déjà été dit, la Perse s'est toujours montrée désireuse de s'assurer le concours de conseillers étrangers, pourvu qu'elle pût faire choix d'hommes sur lesquels elle pût compter pour lui rendre de loyaux services. Dans le choix des conseillers dont elle pourra avoir besoin à l'avenir pour l'aider à réorganiser son armée et ses finances, la plus grande liberté possible devrait lui être laissée. Peu d'étrangers ont su, à une époque récente, gagner aussi rapidement l'affection et la confiance du peuple persan que l'a fait M. Shuster et ce serait faire au sentiment persan une aimable concession, donner un gage sérieux du caractère entièrement amical d'une politique nouvelle, et en même temps faire une démarche flatteuse pour nos alliés américains, que d'obtenir que M. Shuster lui-même ou un autre comme lui aille reprendre l'œuvre de réforme financière, là où il l'a laissée il y a six ans.

4° La politique britannique en Perse ne devrait être dirigée que d'Angleterre, ce double contrôle de la politique persane par les gouvernements de la Grande-Bretagne et des Indes ayant, non seulement à une époque récente mais depuis un siècle, causé tant de désordre, d'inconséquence et de tourments qu'il doit être aboli (1).

5° Enfin, et c'est ce qui importe le plus, tous les efforts devraient être tentés pour que la Grande-Bretagne soit représentée en Perse par des diplomates et des consuls connus pour leurs sentiments de sympathie et d'amitié à l'égard du peuple persan qui est un peuple si prompt à répondre à la sympathie et à l'estime. Les noms de beaucoup de ceux-ci, qui ont été déplacés et envoyés dans d'autres pays, viendront à l'esprit des personnes qui se sont tenues au courant de ce qui s'est passé en Perse depuis la Révolution. Leur retour ferait une excellente impression et il n'y aurait rien de mieux pour convaincre les Persans que la politique nouvelle et plus amicale de lord Curzon est vraiment voulue et rencontre l'approbation sincère des gens les plus réfléchis et les mieux intentionnés de ce pays-ci.

---

(1) Voir en particulier l'histoire des disputes indécentes entre la Mission envoyée de l'Inde en Perse sous les ordres de Sir John Malcolm, par Lord Minto en 1808, et celle envoyée directement de Londres, (1807-11) sous les ordres de Sir Harford Jones.

Si l'amitié raisonnable de ses puissants voisins est accordée à la Perse, je ne doute guère que celle-ci ne soit capable de se sauver elle-même et de travailler, pour mener cette tâche à bien, sur des bases constitutionnelles bien supérieures aux anciennes autocraties sous lesquelles elle a, cependant, connu à plusieurs reprises des époques de grandeur. Naturellement ceci est affaire d'opinion et je sais que d'autres sont d'un avis contraire. Mais je ne crois pas que quiconque, ayant étudié sans parti-pris les dix ou onze dernières années de l'histoire de Perse, oserait soutenir que la Constitution persane ait jamais eu vraiment l'occasion de faire ses preuves ; c'est cette occasion que je réclame pour elle. Si le règne de la Paix et du Droit auquel aspire un monde torturé doit venir, il devra être basé sur la reconnaissance des droits de toutes les nations, et non pas seulement des nations d'Europe.

Imprimerie GEORGES CADET
7, Rue Cadet.— PARIS

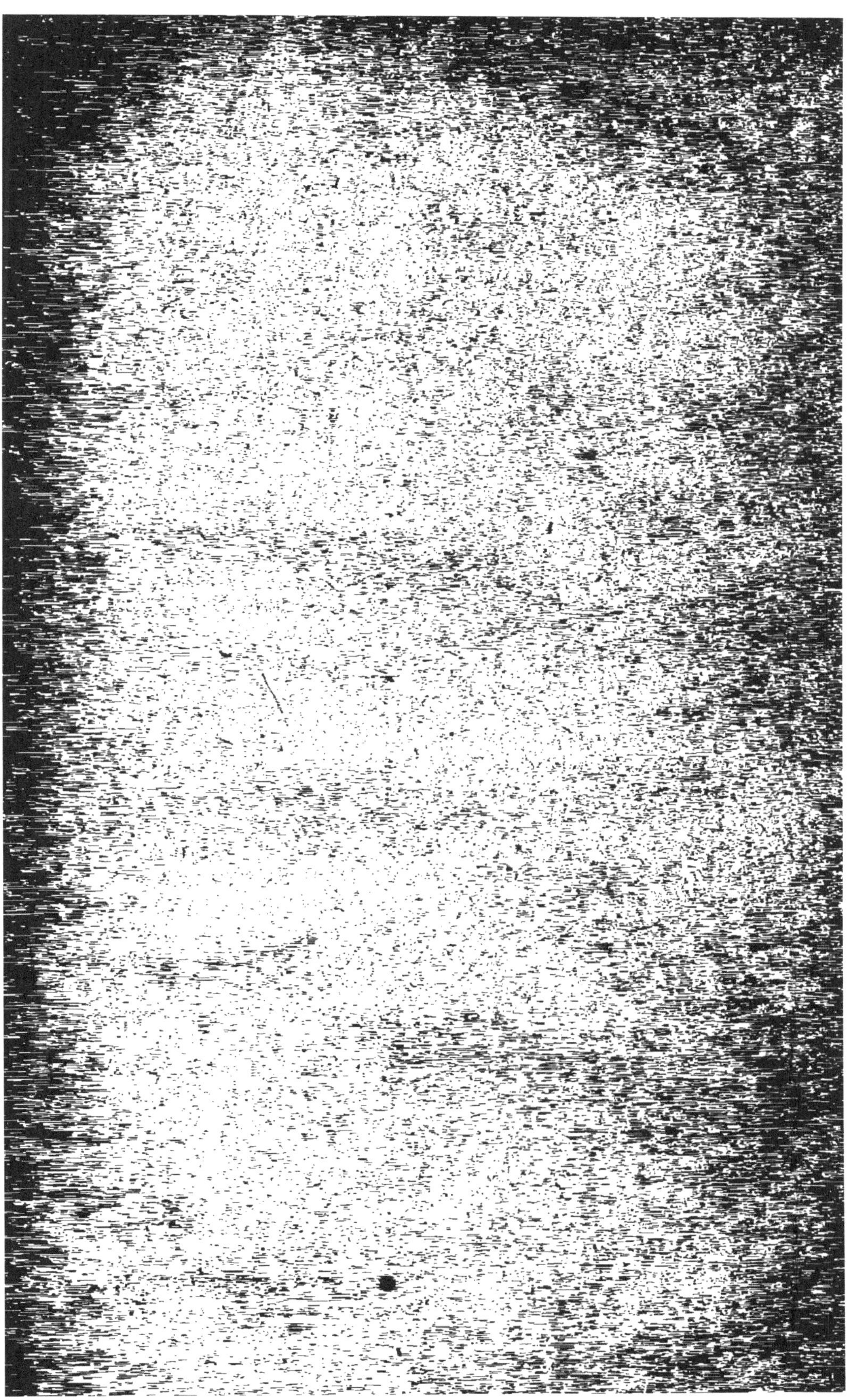